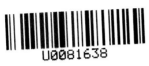

中華民國廿六年五月出版

香港市政考察記

譚炳訓 著

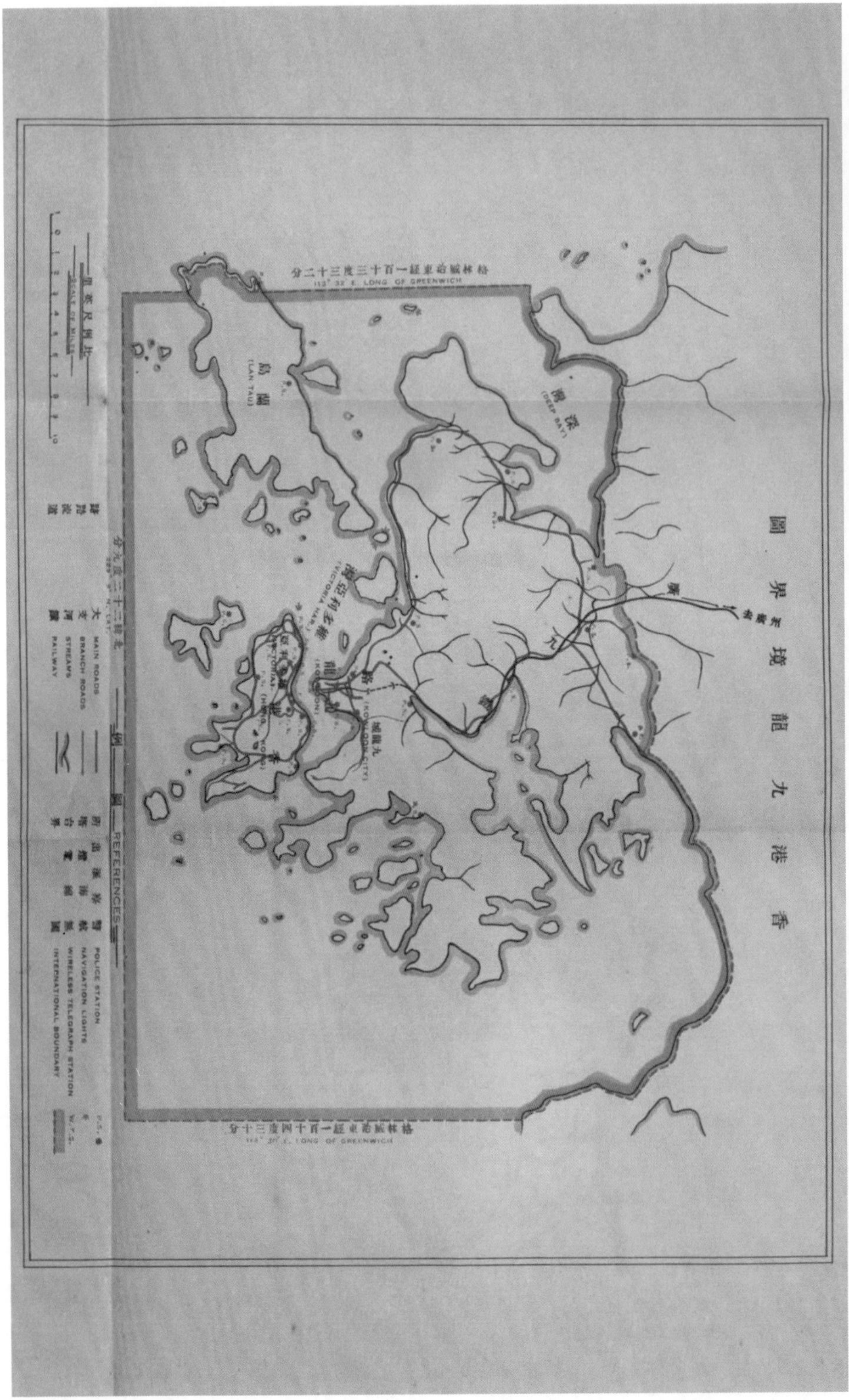
香港九龍境界圖
(DEEP BAY)
(LAN TAU)
(VICTORIA HAR.)
(KOWLOON)
(KOWLOON CITY)
113° 32' E. LONG OF GREENWICH
SCALE OF MILES
REFERENCES
MAIN ROADS
BRANCH ROADS
STREAMS
RAILWAY
POLICE STATION
NAVIGATION LIGHTS
WIRELESS TELEGRAPH STATION
INTERNATIONAL BOUNDARY

中華民國廿六年五月出版

香港市政考察記

譚炳訓著

香港市政考察記

香港市政考察記目錄

（頁數）

第四章　公共衛生行政

第五章　工務

香港市政考察記序

民國二十五年冬。作者奉命赴港，攷察山路交通與自來水工程，復以餘力，兼及一般市政設施。居留半月，除教育社會諸端，以時間所限，未能問津外，凡一切市政建設，皆加以攷察或訪問。返山之後，就聞見所及與搜集所得，編輯印證，成此攷察記。

香港九龍本我領土，在英人統治下將百年矣，國人之赴歐美及日本考察市政者極夥，香港已發達為百萬人口之大市，其足為我市政上取法或借鑑之處必較海外都市為多，且此種割讓地及租借地之政治及建設，直接施之於吾國人，樹立於我國土，豈容漠然而視，不予以深切注意耶？故作者不計此考察記之疎陋，而刊之以供關心香港市政者之參考。

承港督郝德傑氏，布政司斯米司先生，工務司署署長韓德森先生及該署技術秘書，工程師諸君，警察總監金先生，衛生議會主席堵德先生及城門水塘總工程師郝爾先生，慇懇招待，並予以考察上之種種便利，一併誌謝。

二十六年五月炳訓序於廬山牯嶺

香港市政考察記

第一章　行政組織與財政狀況

第一節　行政組織

香港爲粵江口外之一小島，昔僅爲漁民棲息之所。鴉片戰役後，割讓於英，英乃闢爲自由商港，設市於島之北岸，名曰維多利亞市（City of Victoria）。道路修整，屋宇連雲，自一八四一年迄今九十五年，經之營之，日臻繁榮，歐美商輪咸來萃集，浸成世界一大商港。

英人治香港，設總督一人，其下設議政局（Executive Council）與定例局（Legislative Council）以輔之。議政局設議員九人：政府人員六，非政府人員三，定例局由十七人組織之：政府人員九，非政府人員八。無論政府或非政府人員，均由英政府殖民部所派之香港總督委任之。

議政局之政府人員爲：

軍事官 (Senior Military Officer)

行政官 (The Colonial Secretary)

法官 (The Attorney General)

華務官 (The Secretary of Chinese Affairs)

財務官 (The Colonial Treasurer)

工務司署署長 (The Director of Public Works)

其非政府人員三人中，有華人一。

定例局政府人員九人中，六人由議政局之政府官兼任（見前表），其餘三人爲警察總監 (The Inspector General of Police)，船政司署長 (The Harbour Master)，衞生司署長 (The Director of Medical & Sanitary) 非政府人員八名中有華人三。

議政局定例局之外，尙有若干協助政府之會議機關，如敎育會(Board of Education)港務諮詢委員會 (Harbour Advisory Committee) 勞工諮詢會 (Labour Advisory Board) 等是其要者。其組織之份子，亦分政府人員與非政府人員兩種。

市政之設施，統分二十八部，各部之工作不同，組織亦異，舉其要者如下：

布政使署 (Colonial Secretariat)

華民政務司署 (Secretariat of Chinese Affairs)

庫務署(Treasury Department)

核數署(Audit Office)

郵政局(Post Office)

海關監督署(Imports & Exports Department)

船政司署(Harbour Department)

高等審判廳(Supreme Court)

衛生司署 (Medical Department)

教育司署 (Educational Department)

化學司署 (Government Laboratory)

工務司署 (Public Work Department)

管理生死註冊署 (Registration Of Births & Deaths)

婚姻註冊署 (Registration of Marriages Office)

商標註冊署(Registration of Trade Mark & Patents)

園林監督署 (Botanical & Forestry Department)

報窮官署(Official Receiver's Office)

警察公署(Police Head Quarters)

法政使署 (Attorney General's Office)

滅火局 Fire Brigade Department)

田土廳 (Land Office)

牌照局 (Licensing Office)

潔淨局 (Sanitary Department)

域多利監房(Prison Department)

香港裁判司署 (Magistrates' Court)

天文臺 (Royal Observatory)

(本章所述各機關均用香港政府原譯中文名稱以存其眞)

第二節　財政狀況

香港政府歲入，其說不一，據稱有五六千萬元之鉅。一切法定稅收中，鴉片專賣，亦爲一大進款！故香港每年除經常費與事業費之支出，尙可匯六十萬磅於英國，此種傳說雖在香港僑胞中甚爲盛行，但與香港官方報告則相去甚遠。

茲據香港政府公布之最近十年收支統計表加以檢討（單位港幣）：

年度	歲入	歲出	盈餘	虧欠
1926	21,131,582	23,524,716	—	2,393,134
1927	21,344,536	20,845,065	499,471	—
1928	24,968,399	21,230,242	3,738,157	—
1929	23,554,475	21,983,257	1,517,218	—
1930	27,818,473	28,119,646	—	301,173
1931	33,146,724	31,160,774	1,985,950	—
1932	33,549,716	32,050,283	1,499,433	—
1933	32,099,278	31,122,715	976,563	—
1934	29,574,286	31,149,156	—	1,574,870
1935	28,480,550	28,291,636	188,914	—
總額			10,409,706	4,269,177

就上表而論，從一九二六至一九三五，十年中香港政府之財政，七年有結餘，三年有負債，七年結餘共一千零四十餘萬元，三年負債共約四百二十七萬，十年中之淨餘，爲六百一十四萬餘元。

香港每年三千萬元左右之歲入，其主要財源爲何，可由一九三七年之歲入預算表（單位港幣）中窺其梗概：

收入項目	1937年預算	百分比
關稅	6,415,000	22.30
碼頭及港灣捐	635,000	2.21
牌照稅及產業稅等	13,188,600	45.86
訟費，公事費，屠宰費等	2,379,500	8.34
郵費	2,049,800	7.13
廣九鐵路	1,100,150	3.82
房地及其他公產租金	1,641,200	5.71
利息金	96,500	0.33
雜項收入	1,030,500	3.58
地產買價	206,000	0.72
總額	28,760,250	100.00%

其中最大一項之收入，爲牌照稅及產業稅，約佔全年收入總額百分之四六。其次則爲關稅，佔全年

總額百分之二三。牌照稅中，鴉片專賣，收入爲二十五萬元，在本項內除輪渡費四十萬六千三百元，酒稅三十七萬元，兩數較大外，應推此數。英人以鴉片戰役而得香港，故鴉片專賣在香港頗有歷史意義也。

產業稅內房地捐爲五百六十萬零八千元，幾佔牌照稅及產業稅（一三，一八八，六〇〇）之半（約百分之四十三），房捐稅率爲百分之十七，地捐稅率爲百分之三，此種高稅率，在吾國任何大都市中，尚屬鮮覯！上海公共租界僅百分之十四，（有於一九三八年增至百分之十六之議）牯嶺房捐稅率僅百分之一，土地稅率祇百分之二，稅率既低，且原估之地價，多係三四十年以前所估者，而牯嶺之少數土著，對於廬山管理局概照舊章徵稅，猶認爲苛求，以視香港政府稅率之高，當知彼輩對國家之負担爲如何輕微矣。

稅外之收入，有兩項可值注意：

一、廣九鐵路歲收一，一〇〇，一五〇元，佔歲入總額百分之三．八二。廣九鐵路，由英租地九龍半島邊界經三百三十華里而達廣州，盡在吾國領土中，由中英公司借款而築成。如粵漢路完成再與廣九路接軌，則廣九路之收入必將激增，而香港與九龍亦必隨之而愈趨繁榮，故廣九接軌實香港英人所亟欲實現者也。

二　地產賣價歲收二〇六，〇〇〇元，佔歲入總額百分之〇．七二，上兩項所佔百分比，雖不爲大，但將來皆有激增之可能。地產賣價中，八萬元出於香港，十二萬六千元出於九龍。九龍乃香港對岸之半島，背山面海，與香港勢成犄角。初英得香港，以一島孤懸，難以爲守，咸豐十年乃續租九龍，時面積僅四方英里。迨法租廣州灣，英人更開拓九龍北部租界，訂期九十九年，舉九龍全半島與附近諸島，均歸租借，面積乃達四百方英里之多！則其將來對於增加香港政府之收入，必有可觀！

再從香港近十年之歲入統計表內，將香港十年來財政收入之進步狀況，加以考察（單位港幣）：

年份／收入項目	關稅	碼頭及港灣捐
1926	3,021,658	310,929
1927	3,415,817	379,868
1928	3,571,590	389,692
1929	3,771,808	401,145
1930	4,955,389	409,202
1931	6,206,721	813,922
1932	6,597,852	811,860
1933	5,833,467	679,385
1934	5,707,389	565,458
1935	5,173,837	485,607

牌照及產業稅等	訴訟費用	郵稅	廣九鐵路	房地及其他公產租金	利息金
11,503,290	1,202,713	766,540	538,045	1,165,461	237,444
12,512,173	1,390,690	890,947	713,247	1,146,792	328,087
12,318,995	1,432,534	966,918	820,993	1,176,940	235,765
11,773,627	1,519,199	1,003,665	890,744	1,263,584	382,888
12,568,883	1,701,419	1,375,208	973,129	1,394,416	390,800
15,790,940	2,139,819	2,035,939	1,095,099	1,432,058	224,460
16,503,770	2,296,228	1,964,593	1,295,789	1,527,965	313,525
16,664,799	2,210,464	1,883,655	1,630,611	1,512,270	306,326
14,662,796	2,214,627	1,829,298	1,639,775	1,648,524	196,574
13,781,708	2,076,322	1,759,660	1,411,675	1,646,596	248,540

雜項收入	地產賣價	總額
2,099,167	286,342	21,131,589
423,095	143,683	21,344,543
456,377	1,635,236	23,005,040
611,694	1,936,171	23,554,475
1,685,131	2,864,897	27,818,474
231,958	3,177,808	33,146,724
867,749	1,370,658	33,549,716
405,440	972,861	32,099,278
551,372	558,473	29,574,286
1,601,653	244,957	28,430,550

從一九二六到一九三五，十年中香港收入總額由二一，一三一，五八九元增到二八，四三〇，五五〇元，雖然從一九三三到一九三五年，有遞減之趨勢，但就一九二六和一九三五年之歲入比較，十年中的增加率，亦有百分之三十之多。

近三年來香港收入何以遞減，並且是否仍將繼續遞減，原因雖甚複雜，不過細察表內各項遞減數最顯明者，以碼頭捐及港灣捐一項爲最著，換言之，即香港政府收入遞減之主因爲停泊船隻之減少，此爲世界經濟不景氣中不可免之現象。查表內碼頭及港灣捐收入最高時期，爲一九三一與一九三二兩年，幾兩倍於一九二六年者。一九三一年是我國北伐完成後之第三年，內戰結束，統一建設開始邁進，此或香港船隻增多原因之一，所以世界經濟不景氣難關之打破與中國建設的步入常軌，此兩種互爲因果之原素，爲決定香港繁榮之主要力量。

香港歲入狀況已如前述，其歲出情形如何？茲就一九三七年之歲出預算表，加以檢討（單位港幣）：

支出項目	1937年預算	百分比
香港總督薪俸及辦公費	196,780	0.61
布政使署	347,553	1.08
華民政務司署	1[illegible]6,682	0.62
庫務署	292,474	0.90
核數署	124,473	0.38
鄉區公署	145,955	0.45

郵政局無線電	1,003,388	3.10
海關監督署	486,782	1.60
船政司署	1,136,235	3.52
航空事務	70,148	0.22
天文臺	85,635	0.27
滅火局	811,797	1.96
高等審判廳	260,412	0.81
法政使署	78,065	0.24
皇家司法官署	63,000	0.20
報窮官署	25,745	0.08
田土廳	65,930	0.20

裁判司署	141,888	0.44
警察公署	3,288,226	10.87
域多利監房	1,018,559	3.16
衞生司署	2,140,665	6.63
潔淨局	1,081,939	3.85
園林監督署	141,189	0.44
教育司署	2,138,140	6.52
廣九鐵路	766,300	2.38
防禦事務	5,580,943	17.30
雜費	1,632,830	5.06
慈善事業	182 927	0.56

公債	1,371,281	4.25
撫恤及養老金	2,200,000	6.80
工務司署	5,718,263	17.70
總額	32,259,160	100.00%

工務司署在支出項目內佔第一位，約當全年總支出百分之一八，其中經常行政費爲二，五八四，七三三元，經常事業費爲一，四八六，五〇〇元，臨時事業費爲一，六四二，〇三〇元，總計工務司署行政費，經常及臨時事業費三項共爲五百七十一萬三千二百六十三元。軍事防禦費佔第二位，爲五百五十八萬餘元，約當全年總支出百分之一七，幾全部用爲駐港英印兵之軍餉，其次以警察經費項最大，年支三百二十八萬餘元，約佔全年總支出百分之一〇。

歲出中最小之項爲報窮官署之二萬五千餘元，僅爲歲出總數萬分之八，慈善事業年支十八萬餘元，不及歲出總數千分之六，兩者合計尚不及審判廳經費二十六萬元之數，但港政府官吏之撫卹及養老金年支二百二十餘萬，此不能責港政府對於社會救濟事業之漠視，因救濟之對象爲華人，而撫卹及養老金多匯至英國，殖民地政治之特性固如斯也。

最近十年來香港歲出之分配，與上述一九三七年預算大致相去不遠。歲出總額逐年增加，從一九二六到一九三五年，已由二千三百五十餘萬元，增加至二千八百二十餘萬元，十年中的增加率約為百分之二十，比較歲入增加率百分之三十，相差為百分之十。

由此可以得到以下三個結論：

一　香港歲出中的兩大項目，為軍事防禦與工務，是見英人對於香港的軍備與物質建設，並加重視。

二　十年以來香港的歲入增加率，比歲出增加率大百分之十，是香港對於英國，實為一獲利之殖民地。

三　香港政府之財政政策未脫殖民地性。

第二章　香港與九龍市區概況

第一節　香港市區概況

香港為一孤立之海島，其中羣峯秀起，最高者曰維多利亞（Victoria Peak），高出海面一千八百二十三英尺，島長東西僅十英里，寬窄不齊，約二英里至五英里，面積則三十二方英里而已。鯉魚門海峽，寬僅半英里，橫貫其北，使港島與九龍半島分離而形成孤島。

鯉魚門海峽之西，曰維多利亞港，面積約十方英里，羣山環抱，形勢天成，水深且廣，有大船塢二：

一　長七八七英尺，寬一二〇英尺。

二　長七〇〇英尺，寬八六英尺。

據一九三五年調查，進出口船隻，年達九萬五千餘艘，總噸數則達四千三百五十餘萬噸之多！

港灣南岸維多利亞山麓，人工填塈，長約四英里許，為島上唯一之平地，完全劃為商業區，即所謂維多利亞市者是也。因海濱山麓之間，地面窄狹，平地至寶貴，故住宅區建於山坡之間，下自維多利亞市，上至維多利亞峯巔，比屋連甍，層疊而起，綠林蔭翳之間，鱗鱗朱瓦，貲足點綴風景。

香港島內，劃分爲兩大區域，已如上述，因其工業不如商業之發達，僅有造船廠及製糖廠等比較著稱，均散布於各區之間，無顯著之獨立地帶，而商業區之沿岸，東爲船塢，西爲港埠（容納輪渡及普通商輪），則形成兩小區域焉。

吾人一生之幸福與健康，胥繫於衣食住三大問題，而居處尤關重要，故地帶須僻靜，風景須幽美，空氣清新，方爲優良之住宅區。試觀香港住宅區，可謂無美不備！適合以上原則。惟此種住宅區域，祇限於歐美人卜居耳。

介於商業區與住宅區之間者，有一極重要之區域，爲香港最高威權之「督憲署」及其附屬機關所在地，是爲香港之行政區。是區位於維多利亞市正中，而居其高處，俯瞰維多利亞港灣，遠矚對岸之九龍市區，商業區列於前，住宅區擁於後，華屋巨廈，左右環抱，其形勢，其地位，堪稱爲市區中心。

香港市區街道之配置，維多利亞市區之內，大部爲棋盤式，於遷就地形之處，間雜以不規則式，住宅區以登山電車爲幹線，由督憲署之右旁，向上直達山巔。其分佈於各住宅之支路，盡依地勢之等高線，築成彎曲大道。形式極不規則。

督憲署附近一帶，因其位於山坡，高下不齊，道路亦不規則，雖然，其爲全市交通之心核，則並不因而減色！蓋汽車路橫貫督憲署左右，可達商業區，登山電車處其右，直上而入住宅區，十分鐘內乘電車可登山巔，十五分鐘內可乘輪渡而達對岸之廣九車站及碼頭。故旅客可以一小時半之短時間，或登山巔，或縱覽全島。以港島形勢之崎嶇，而有如是便利之交通。此堪爲廬山建設之所取法者也。

第二節　九龍市區概況

九龍係香港對岸一半島，原爲廣東省之一部，於一八六〇年（即咸豐十年）租於英人者，爲九龍山之南部，面積約僅四方英里，名曰九龍，一八九八年租於英人者，係九龍山之北部，面積約三百六十餘方英里，名曰新九龍。前後兩部，合半島全部而有之，統稱亦曰九龍。

英人經營九龍之歷史尚淺，故全島大半尚在開闢之中，而開闢部份則以半島南部最爲繁盛。可分四區述之，即港埠區，商業區，住宅區，及工業區是也。

一　港埠區——在半島之西南角，沿岸有廣大碼頭，宏敞倉庫，爲歐美過港船舶之集中地，對岸之香港碼頭不及也。最快之郵船由此四十二小時即達上海，廣九鐵路九龍車站亦在此區之內，位置稍偏東岸，自我粵漢路通車後，以此站爲出發點，換乘火車六次，經北平及西伯利亞，八十日內可達歐陸之柏林等都市。

二　商業區——與港埠區毗連，區內各業多集中於一處。最顯著者如旅館業，幾盡分佈於車站碼頭之間。取其便於旅客也。

三　住宅區　　在九龍佔極大之面積，蓋以香港島上地價極昂，景物雖佳，可以建築住宅之平地不多，故近年以來，一般趨勢，均在九龍備地置房，蓋非僅取其價廉，實則風景，氣候等等，均不遜於港島也。其尤著者，則爲新闢之花園區。是區乃平山而成，池館清幽，花木扶疏，起居其間，另有一番境界。

四　工業區——處九龍舊城之東，工廠製造品如烟類，編製品類，銀硃，紙，蓆，船艇等等。中西式大小工廠甚多，而吾國人組織之小規模製造廠尤夥！

九龍街道與公路之建設，年來進步極速，故其交通亦稱便利，汽車路環繞半島全周，遊客可以三小時半之時間，週遊其全境，按九龍與港島隔一海峽，其交通似應失聯絡，實則輪渡交錯，形如穿梭，三五分鐘便得一渡。載客者有之，載汽車者亦有之。香港有公共汽車八路，電車六路。九龍有公共汽車十七路，分佈兩處，站驛遍佈。兩地交通，完全連成一氣。故以九龍之大，而政治中心又偏居於港島。其治理開闢，絕無不便之嫌，交通組織完密，有以致之也！

第三章　警　察

第一節　警察公署之組織概況

警察為內政之四肢，其辦理之善否，直接或間接影響於一切行政之措施。故警察愈進步，政治愈易修明；此所以考察一市或一國之政治，須以警察辦理成績之良否為標準也。

一九三七年香港支出預算，警察費約佔全年支出總額百分之一〇，除工務費及軍事防禦費外，以警察經費為最大，總計年用三百二十八萬八千二百二十六元之多！香港政府當局辦理警察之注重，可以見矣！

香港警察公署之內部組織如下簡表：

總監本部
- 總監室
- 秘書室
- 會計科
- 庶務科
- 指印室

辦理遞送僑民回國處
刑事室
捕共特務隊
其他等等

總監本部以外，香港設區署四，九龍設區署四，新九龍設區署一。

每一區署除辦公室外，均設有拘留室三五間，并有槍械室一小間，所有警士槍械，每日晨晚，簽名領繳，嚴密周詳，堪資取法。

區組織之外有偵緝隊，水上警察，後備隊，刑事支局，警察教練所等。

一九三五年香港警察總數爲二千二百七十人，除官佐二百餘人多爲英人外，其餘則英人佔少數。茲就其國籍數目比較列表如左：

國別	數目	百分比
歐人	261	11.5%
印人	776	34.0%
華人	1,233	54.5%
總額	2,270	100.0%

（水上警察全體二百五十五人，盡爲華人）

全部歐人不過佔百分之一一·五，而華人則佔其百分之五四·五，超過大半。華人中分廣東及山東威海衞兩處者，交通警三百餘人中，幾皆爲威海衞人，詢其爲何向遠如威海衞之處招募警士，則云，山東人身軀魁偉，爲交通警，指揮車輛較易，且服務之忠實，亦有最優之紀錄也。

第二節　警察之服勤及其待遇

一　服勤情形

香港有九十六萬六千餘人口，街市行人與車輛之擁擠，非言可喻，香港皇后路，德輔道一帶交通之繁，惟上海南京路差可比擬，在此種情況之下，使有良好秩序，不發生意外事故，自非有健全之警力莫辦！

以二千二百餘警察，負責九十六萬六千餘市民之安甯與秩序，是每四百二十餘市民，始有警察一人照料也。

警察出勤，分交通警及巡邏警。就人數而言，交通警約爲巡邏警三分之一，卽香港採用巡邏制爲主要勤務也。交通警每日出勤二次，每次三小時。巡邏警每日出勤亦二次，每次則爲四小時。歐人出勤，則兩次時間合併為七小時。

香港之交通警，有益趨減少之勢，因自動交通信號燈，已採用於德輔道與車打道交口，（一座之價約需港幣九千元），現已試用一年，成績極佳。此種自動交通信號燈，與普通交通燈大致相同，惟紅光變綠光，或綠光變紅光之間，加一黃光，名之曰準備信號。正在通行之車輛行人，一見綠光變為黃光，須加速通過；另一方向之停候者，則見紅光亦變為黃光，即開動馬達，準備前進，再變為綠光時，即實行通過。其紅變黃變綠之操縱，普通交通燈須由交通警轉一開關，而自動交通燈則由來往之車輛自行操縱之。在距離交通燈五十公尺左右之路面上，設橡皮靭帶一條，橫陳路上，但高出路面甚微，汽車或人力車行經其上，靭帶受壓，即有電流通至交通燈，數秒鐘後（其時間之長短可隨意校對；以交叉各路之車輛往來密度而分別定之），燈光即由紅而黃再變為綠。此綠光直至另一方向之車越過另一橡皮靭帶時，始再變紅。

將來此種自動交通信號燈推廣全市後，交通警數目將更減矣。上海公共租界江西路近裝自動交通燈一座，試用成績如何，尚未見報告，惟其構造與香港者稍有不同，雖亦有黃色準備信號，橡皮靭帶則取消，完全以固定時間變換燈光。

警察之外，有汽車警隊，汽車警隊分交通汽車警隊及巡邏汽車警隊。巡邏汽車警隊有二，每隊三人，一隊居香港，一隊居九龍。

此外有緊急隊（Emergency Unit），每隊四十人，歐人居其三，爲隊之統率，亦分兩隊，分居於香港，九龍。遇有臨時緊急事件，如匪警或暴動等事發生，該隊可於五分鐘內出動，全隊乘一簡單鋼甲汽車，除每人攜有武器外，幷有輕機槍一架，可於車前小窗射擊。

香港警署平時訓練義勇警多隊，英印華人皆有，均爲有職業而熱心公益之人士，用爲後備警，爲非常時期中之用者。蓋如遇國際戰爭發生，現役警皆編入軍隊參加戰鬥，原有警察職務則由義勇警隊代之。

現在我國施行國民軍訓，以爲非常時期之準備，自爲國防上之要着，惟於已受軍訓之國民，選其智識較高者，再加以警察訓練，編爲義勇警隊，在今日我地方警費支絀情況下，此項義勇警在平時可補助原有警力之不足，而在非常時期則其爲用尤大矣。

二　警察待遇

警士待遇，印警最低餉每月港幣十八元，華警則十七元，加餉每次爲四元。警長最低餉四十元，副警長三十六元。

加餉按平日勞績而定。除遇缺升補者外，勤奮者，年終加餉。有特別勳績者，警察總監並給予奬章，以爲鼓勵。

外勤官員長警，均由署供給眷屬宿舍。其警察分署之建築多爲三層樓，平地層爲辦公室，二樓爲華印長警及眷屬宿舍，三樓爲歐警及眷屬宿舍。其建築頗似上海之外國公寓。如此待遇，使員警可以安心服務，視署如家矣。

就義務方面言，警察在入所受訓時，須塡具至少服務五年之志願書，中途離職處以罰金或二年之徒刑。

第二節　警察訓練

香港警察敎育可分警官敎育與警士敎育兩項言之。

香港之高級警官，或從英國調任，或由警隊升充。經英國調任者，在本國內已受高等警察敎育，或已有相當服務經驗，其在香港就地新募之警士及官佐等之基本敎育，則有警察學堂敎練之。

香港之警察學堂設於九龍，每月經費爲三千六百元。敎練人數不等，因實際需要數目而定，普通營約百餘人。招募新員時，體格檢驗合格後，塡具志願書，然後入學受訓。此種訓練爲每個警察必受之基本訓練，有制定之專門課本，以爲標準。凡警察條例，交通規則，以及香港政府法令等，均所必讀。（承該校教官贈中文課本一冊，無可採用者，故不附錄。）

除講授課本之外，有廣東語，有本地常識問答，有體操，有軍器教練。惟此類課程，歐人，印人，華人，受課之重量互有不同。大抵歐人偏重於軍器及常識等訓練，目的在於偵緝。故有每人須受指紋練習，至完全練諳而後止之規定。更有必須出席警廳審訊處四次，及高等審判廳二次之條例。華人，印人，則不盡如是，而關於交通條例之講授與訓練特多。

出警察學堂畢業已服勤之員警，則每年分季演習，演習之種類與方法，因各種警隊之需要與程度而異，有短槍射擊 (Musketry Courses)，有格林奈礮法演習(Greener Gun Courses)，有手槍演習(Revolver Courses)，習射成績分四等：

特　等　射中七五%以上者

一　等　射中六〇%以上者

二　等　射中五〇%以上者

不及格　射中五〇%以下者

射擊演習，就其成績表內觀之，成績不及格者，不過百分之一。卽此一點，亦足見其警察之精練！

其所以能致此者，蓋不僅由於訓練之功，實亦別有其重要原因，茲簡舉數端以爲本章結束。

一：服務期限。香港警察規定服務期限至少五年。此種限期對於警察訓練，關係至鉅。使非有此種限制，縱朝夕教練，新隊未精，舊隊已散，則教育空費，訓練無功，就警隊本身言，實等於虛耗！有此五年服務之限制，始克有精強之警隊常存也。

二：待遇優厚。香港印警最低月餉十八元，華警最低餉十七元，加餉每級四元，故勤慎服務，四年後卽可月得三十餘元矣。較之歐警，每月數十元乃至數百元，雖相去甚遠，但較國內警察，月僅七八元者，則優厚多矣。卽以餉額最高之首都警察而言，警士月餉爲十四元至十六元，家屬宿舍，尚須自理。

三：升級加薪。香港警察之升級，多採遇缺卽行補升之辦法，薪餉亦隨升級而加，凡有勞績，卽不升補，亦有年功加餉之規定，蓋預算中已將官佐長警應加薪餉編入矣。此外尚有自請記名升級之辦法，如警士欲升警長，則請求入教練所受補習教育若干星期，經考試及格，卽升爲記名警長，一遇警長出缺，立卽升補。參觀教練所時，見所內受補習教育之華印警若干人，一人或三五人一組，幷不按時上課，僅由所中教官加以指導，自行補習。此種辦法，實至爲美善，既可提高長警智識，又可使下級警察抱無窮之希望。且由此方法升拔之員警，其幹練之能力，必可補警官學校新畢業學生之缺陷也。

四：撫恤及養老金制度。撫恤及退職養老可使警察咸知勤奮，且不願輕於棄職而去。故香港警察每年流動率，約爲百之十五，卽離職及告休者每年二千人中僅三百人耳，此香港警察基礎之所以牢固也。

惟從另一方面觀察，香港警政之腐敗，亦不容諱，作者曾與香港警察總監金君有兩小時之談話，彼亦坦然表示香港警察外表雖好，仍須努力改進也。水上警察在碼頭上之勒索上船旅客，尤爲人所共曉之事。作者曾在九龍埠頭送別友人，水上警察以檢查旅客私運軍火爲名，將所有行李一概翻開，逐物檢查，開船之時已屆，仍不放行，後苦求再三，始得登船。水警爲華人而欺侮同胞，良可慨嘆！此種積習，方在努力革除中。近年來港警政當局之減雇本地警察，增募威海衛警，或根本剷除警察惡習之準備也。

第四章　公共衛生行政

第一節　潔淨局

香港衛生行政，由衛生司署與潔淨局兩機關分別負責，衛生司署辦理一切醫藥衛生行政。潔淨局則負責市區之環境衛生行政。

潔淨局，有局長一人，衛生稽查七十人，洗刷街道之工人九百人，清潔夫一百三十五人，駁船夫一百六十人，管理公共廁所等夫役一百五十餘人。

工具設備，有載重汽車二十三輛，小拖船二，汽駁船一，重駁船九，輕駁船七，木駁船三。

潔淨局實施衛生行政，悉按衛生法規辦理，此項法規，另由一立法機關名市區衛生會議者起草，經香港總督批准公佈施行，潔淨局不得自行立法。

潔淨局稽查員，由上午六時至下午六時之間，有自由出入各居戶實行檢查之權。遇有特別事故，則無論何時，均可入宅檢查，惟須持有市區衛生會議議長簽署之公文。

潔淨局對於不能按期遵行命令之市民，得每日科以十元以下之罰金，如屬故意玩抗法令，則處以二十五元以下之罰金。潔淨局且得派人强制執行其法令，此種執行工作所需費用，悉由該戶担任。

第二節　垃圾之處理

城市垃圾之處理，其善否關係全市公共衞生極鉅。對於市容觀瞻，亦有直接關係。

香港垃圾之收集，係用汽車向各戶或街巷之垃圾箱內收集之，運送至附近之垃圾碼頭。垃圾碼頭備有駁船，由汽車傾入駁船，再運至擇定之海濱某處，塡墊海濱，使成陸地。

據一九三五年報告，香港裝運垃圾數量年達十一萬五千三百八十三噸，卽每日運送三百一十六噸之多。

香港氣候，四季常暖，十二月間，蚊蠅猶生，垃圾由汽車傾入駁船時，臭塵與蠅羣，一齊飛揚，碼頭行人與附近停泊航船之水手，無不掩鼻。冬季如此，夏季情形如何，可以推知。尤難堪者，當大汽車由住戶或街巷收集垃圾時，雖在交通繁盛之通衢，來往行人擁擠之中，收集垃圾之苦力負筐傾倒垃圾於車上之時，塵垢染目，惡臭撲鼻，作者在香港最繁盛之皇后大道上，曾見垃圾汽車一到，附近商舖住戶紛紛將垃圾傾於汽車所停之馬路步道上，鬧市頓成垃圾場，然後由工人裝入汽車運走。此種辦法，不僅有礙行人衞生及觀瞻，且妨害交通及秩序，較之數年前北平市採用垃圾待運站，閘門一開，垃圾汽車卽裝滿，不僅衛生觀瞻及交通皆無妨害，且用一二分鐘之時間裝滿一車，較之隨地零星裝載可節省二十分鐘，香港政府或墨守成規，倘未思及改善也。

青島夏季歐美遊客最多，其於運送垃圾及糞便，嘗限於夜間爲之。或劃定區域路線，使行人不見，廬山於盛夏之時，亦嘗限定時間，運除垃圾及糞便。

第三節　公共廁所

香港公共廁所，在街道旁或市場附近者，其大小便池多用混凝土築成。小便池嘗爲淺溝式，置於一邊牆脚，上配自來水管，隨時冲刷，大便池有中西式樣數種，均配有自來水櫃，各池分隔，依牆列爲一排，與小便池相對。其規模與天津英租界之公共廁所相類，惟較簡陋耳。

每一廁所置夫役一人，自朝至夕，看守於此，專司擦刷地板便池，至少每日一次，門窗牆壁，則每月油飾粉刷一次，因粉刷極勤，尚屬潔淨。

第四節　屠宰場

香港屠宰場之建築頗宏敞。其中自來水管及下水溝道之配置，尤爲周密。場爲公營，屠夫係僱用。

豬牛羊宰殺之前，必須領有許可證，許可證發自檢驗處，檢驗處將牲畜，詳加檢查，證明無病後，然後發給之。

牛羊等宰殺之後，頭尾皮肉內臟等，分類分部整理洗刷，屠夫各有定所，各司其責，分工合作，工作效率極好。

肉類洗刷清潔，卽用汽車分送於各市場肉販出售。據一九三五年報告，一年之內，宰殺牛六萬一千五百六十六頭，豬四十三萬五千六百七十五頭，羊一萬七千七百八十八頭，總計年達五十一萬四千零二十九頭之多。

香港殺牲仍以刀爲之，上海公共租界所辦之屠宰場，以電箝殺牲，香港屠場其他設備，亦皆不及上海。

第五節　潔淨局之經費

據一九三七年香港預算表內所列潔淨局常年經費爲一百零八萬一千九百三十九元，佔香港政府歲出總額百分之三・四。以每年一百餘萬之鉅額，辦理市政衞生，其成績似應有特殊可觀之點，但就前述所見各節，亦不過爾爾，蓋一百萬元中，薪俸一項，佔去百分之八十一。事業費僅得其百分之十九而已。

第五章 工務

第一節 工務司署組織概況

工務司署爲負責香港及九龍一切市政建設事業之總機關，督憲署附屬機關中，此署組織最大，正副署長之下，設祕書處，有祕書主任一人，秘書及署員書記若干人，司文書人事等事務。另有技術秘書一人，協助署長處理一切技術事務。署務施行，因事務之不同分設十一股，股設正副工程師及測繪監工等員。應事實之需要，而各異其組織，各分其責任。玆將各股名稱職掌分述於下：

一・總務股——(Accountants and Stores Office)

管理收支事項，編製預計算。及保管購買材料等事項。

二・建築股——(Architectural Office)

官署及一切公共建築物之修繕營造等事項。

三・建築取締股——(Buildings Ordinance Office)

施行建築法規，審核市民建築及取締一切不合法建築物等事項。

四・土地及測量股——(Crown Land And Surveys Office)

保管公地，並負責一切土地測量等事項。

五・下水道股——(Drinage Office)

負責下水道保管改良維持擴充等事項。

六・電氣股——(Electrical Office)

電報及電話等之電務管理事項。

七・港灣擴充股——(Port Developement Office)

司港灣之擴充改良及保養等事項。

八・道路及運輸股——(Roads and Transports Office)

道路橋樑及其他一切關於運輸設備等之建設維持及改良事項。

九・評價及收地股——(Valuations and Resumptions Office)

司評估及收買地產等事項，以施行城市計劃。

十・自來水工程股——(Waterworks Construction Office)

司自來水新工程之一切設計及建造事項。

十一・自來水保管股——(Waterworks Maintenance Office)

司自來水工程之保管維持及徵收水費等事項。

以上十一股，合計職員七百九十六人之多，歐人佔一百六十一員。其餘六百三十五人，則大部為華人。香港市政建設之成績，其原因固由於有充分的經濟力量，而其組織與人材之健全與充實，亦為重要因素。

第二節 工務司署之經費

工務司署經費，其一九三七年歲出預算如左：

項目	數額	百分比
經常行政費	2,584,733元	45.2
經常事業費	1,486,500元	26.1
臨時事業費	1,642,030元	28.7
共計	5713263元	100.0

歲出預算中，行政費幾佔一半，臨時事業費，即各年之新建設費，所佔尚不及百分之三十，勿怪該

署工程師皆有港政府現甚困窘，無力舉辦大工程之論也。

一・經常行政費之分配如左（單位港幣）：

項目	數額	百分比
薪俸	2,272,491元	88,0
辦公費	235,422元	9,1
購置費	76,820元	2,9
共計	2,584,733元	100,0

經常費中薪俸一項，佔百分之八十八。辦公費及購置費兩項合計，僅佔百分之十二，其職員待遇之優厚，於此可見！而在事業費不能增加情況之下，仍維持此鉅額之行政費，已可見香港政府之困難及其行政效率矣。

二・經常事業費之分配如左（單位港幣）：

項目 \ 區域	香港	九龍	新九龍	總額	百分比
建築	240,000	56,000	42,000	338,000	22.7

道路	141,000	58,500	89,500	289,000	19.5
下水道	40,000	14,000	17,700	71,700	4.8
自來水	281,000	80,000	10,200	381,200	25.7
雜項	266,100	103,000	37,000	406,600	27.3
總額	968,100	322,000	196,400	1,486,500	100.0
百分比	65.7	21.6	13.8	100.0	百分比

以區域言，港島佔事業費百分之六五・二，九龍半島佔百分之三四・八，僅港島之半數而已。

以事業項目言，自來水一項最大（雜項不計），佔總額百分之二五・七。其次為建築，百分之二二・七，下水道數目最小僅佔總額百分之四・八。是其對於自來水之供給極為關切，而對於雨水及污水之排除，則未加以同等之注意。故香港清潔狀況及污水排洩之設備，遠不及德人經營之青島，此於後文「下水道」節中述之。

三・臨時事業費之分配如下表（單位港幣）：

項目　　區域	香港	九龍	新九龍	總額	百分比

建築	696,100	6,680	45,000	747,780	45.5
道路	91,600	30,000	281,500	403,100	24.5
下水道	25,000	31,000	48,000	104,000	6.3
自來水	48,000	38,000	19,000	105,500	6.4
築港	34,000	1,000	31,500	66,500	4.1
雜項	146,750	18,300	50,100	215,150	13.2
總額	1,041,450	124,980	475,600	1,642,080	100.0
百分比	63 5	7.5	29.0	100.0	百分比

臨時事業費在區域上之分配，其比例與事業費之分配略同，香港佔百分之六三·五，而九龍半島則僅佔百分之三六·五。是其經營九龍半島仍不及經營港島之關切也。

臨時事業費中事業類別之分配，則以建築一項爲最大，佔總額百分之四五·五，其次爲道路佔總額百分之二四·五，築港項目最小，佔百分之四·一。

四·工務司署行政事業全部經費分配表（單位港幣）：

項目	數目	百分比
薪俸	2,272,491	39.8

行政及購置費	312,242	5.5
建築	1,085,780	19.1
道路	692,100	12.1
下水道	175,700	3.1
自來水	486,700	8.5
築港	66,500	1.1
雜項	621,750	10.8
總額	5,713,263	100.0

從工務司署全部經費分配表觀之，薪俸一項仍佔第一位，約爲總額百分之四十，其次爲建築，佔百分之一九，再次則爲道路及自來水，築港與下水道工程費數目最小。

第三節　道路

一　路政概況

道路爲城市交通之動脈，市政工程中，道路建設，居其首要。因一切建設事業之活動與進步，皆有賴於交通之便利迅速與安全也。

香港路政，由工務司署之道路及運輸股負其全責。股有正副工程師四，學習工程師及測繪員若干人，監工員二，工頭五·無工程隊之組織，一切路工皆招商包做。碎石汽輾及瀝青油等，則由署供給，該署有大小路輾二十六架，碎石壓榨機四架，碎石瀝青攪拌機二架，採石氣壓機二架，皆極適用之優良工具也。

臨時事業費中道路工程費，一九三七年預算約爲港幣四十餘萬元，幾皆爲擴張新路之用。蓋港島街道，雖已開拓完竣，九龍半島則尚在初步建設時期也。

英治香港，歷史雖九十餘年，汽車路之建設，則僅有二十五年之歷史。其路面設計，係基於車輛之載重。輕者十二噸，重者十五噸，最重至二十噸。

至一九三六年底止，香港及九龍築成之各種路面，已有三百七十七英里（土路不計），茲將其種類及長度分列下表：

種類	長度
瀝青油碎石（Macadam dressed with Asphalt）路	293 英里

炒油砂（Sheet Asphalt）路	12英里
臭油碎石（Tar Macadam）路	13英里
泥凝土（Concrete）路	17英里
木磚（Wooden Blocks）路	3英里
卵石（Gavel）路	39英里

二　路面之選擇

路面種類之選擇，嘗視交通情況而定。車輛繁重之區，路面易於損壞，須選築較堅固之路面，如木磚路，炒油砂路等，造價皆較昂貴，惟其經久耐用，採用之結果，嘗不因其造價高而失其爲經濟之路面，蓋經濟與不經濟，在選擇之適當與不適當，不以其造價之高低爲定也。

氣候變化，與路面選擇，關係至大。以雨量，濕度，溫度三者影響於路基路面之膨脹伸縮及侵蝕極重，因氣候之不同，一種路面，適用於甲地者，未必適用於乙地。適用於乙地者，又未必適用於丙地。故選擇一種路面時，必須對於其地之氣候深加考慮，使不致因乾濕不均，熱漲冷縮等變化而受損傷，方爲經濟適用之路面。

香港瀝青油碎石路面最多，此種路面，其做法及質料亦不盡同，因適應車輛之繁簡，氣候之變化，及路基乾濕之不同，路面做法及瀝青油之混合量，隨時根據試驗結果而變化。路基亦有鋼筋混凝土基，有砌石基等之分。其所以如此者當不外以經濟爲原則，而求其適合於交通情況，與抵抗氣候之變化而已。

香港本無笨重之大車及鐵輪重車，故車輛之往來，對於路面之損害頗微，而氣候終年溫和，其影響於路面之損壞亦小。

據香港天文臺報告，香港氣溫一月內最高與最低之差數爲華氏四十七度，一年內最高與最低之差數爲華氏六五度，常年溫度皆在冰點以上。廬山三天內之溫度可以差至華氏四十度，一日之內忽而結冰忽而解凍，由此可知廬山道路之建造，難以完全取法香港也。

三　香港道路修築法

香港築路雖有多種，而最要者當推瀝青油碎石路，其他各種多屬試辦性質，茲不備舉。其瀝青碎石路之修築方法簡述於下：

甲　程盤工程

照圖示路線位置及水平高度掘挖或塡平。

掘挖工作因所掘物質之不同，給價標準分爲三類：

一·土方：包括普通軟土及小於四立方英尺之石塊。

二·石塊：大於四立方英尺之石塊。用鐵槓桿可以移動者。

三·石牀：必須用爆炸剷除之石料。

塡平工作因取土來源之不同，亦分二種：

一·由掘挖工作運來之土方，按掘挖土方計價，不另給塡土費，且須選用優良土質。

二·由工程師臨時指定取土地點，取土後，須將土坑整理平順；塡好之土打緊後須適合於圖定尺寸，土方卽按此計價，因縮而額外加高之土方，不另給價。

塡土每一尺，卽灑水壓實，再塡第二尺。

塡墊堤岸時，須一面洒水，一面壓實，路邊坡度，須整理適當，洒水壓緊！以便栽植草木。滾壓工價等包括塡土單價之內，不另給價。

開山闢石之處，路邊上坡，如需築溝截水，溝深及底寬普通嘗爲十二英寸，用混凝土補裏，且築成適合順水坡度，以便流水。此種截水溝，除非地形不方便時，其距離開闢之路邊，嘗不得小於十英尺。

乙　路基工程

一．鋼筋混凝土基：混凝土厚七英寸，比例為一：三：五或一：三：六者為多，即一分洋灰，三分砂子，五分或六分石子是也。此種路基，每二十英尺距離，設橫伸縮縫一，寬一英分至二英分，填以木屑，取其疏鬆不妨礙漲縮也。

二．砌石基：厚九英寸，人工插砌，寬部作底，尖端向上，鋪築穩實，隙孔插緊小石片，使大小石塊，打成一片。

丙　路面工程

路基築妥後，即可開始修築路面。

香港道路之路面，幾皆為瀝青油（Asphalt）所築成，惟港府工程師以習慣關係，仍名之曰臭油（Tar）路，故瀝青與臭油兩名詞混而不清。其瀝青油路面之做法，簡分兩種，述之於下：

一．清水碎石路塗刷瀝青油面（Tar Painting Waterbound Macadam）。碎石選佳質花崗岩，榨碎後過二英寸徑篩，鋪厚四英寸一層。用輕輾壓，覆以細石粉一層，洒水再壓。

碎石層滾壓緊實後，掃去表面浮石粉。即行塗刷瀝青油。瀝青油須熱至指定溫度，用油刷塗抹，再覆以徑大一英分至三英分之碎石，或洗淨之卵石一層，加輾滾壓，壓實即妥。

二・瀝青油碎石路及瀝青油罩面(Tar Macadam and Tar Tops)。堅實潔淨之花崗岩碎石。過直徑一英寸六分之篩，再用六英分篩除去六英分以下之碎小石屑，烘熱至華氏表一百三十度，再將熱至三百度之瀝青油混合物加入攪拌之。每噸碎石，和油七加倫。

瀝青混合物之配合，因季而異，四月至十一月八個月間，其配合比例為兩分三十至四十度之瀝青油（30／40 Asphaltum）一分臭油（Tar）。十二月至三月四個月間，其配合比例為六十至七十度之瀝青油(60／70 Asphaltum)二分，臭油一分。

碎石瀝青油在攪拌機內拌好，至少須兩週後，待完全調和均勻，然後用以鋪築路面。鋪築時，每層厚不得過三英寸半。

瀝青油罩面做法，係將堅固清淨花崗岩碎石，先過六英分篩，再用五號篩除其碎屑，照前節所述同一方法，同一溫度，加熱攪拌之。惟所加瀝青混合物，每噸碎石需十加倫。拌勻後，每噸約計可鋪四十五方碼，鋪厚較實厚須高二英分，鋪妥待一二小時再滾壓，壓至平坦堅實為止。

丁　其他路面

其他路面如碎石路沙士路等皆無特異之點，茲不贅述。混凝土路亦有少數，有上鋪瀝青油沙子或石屑數分厚者，有僅刷瀝青油一遍，亦有油沙皆不加而只將水泥刷毛以免車輛之滑動者。至混凝土路之構造，及有無鋼筋，因地制宜，固無一定不移之標準也。

四　道路測量設計之準則

香港工務司署道路股對於道路測量設計所用規程及標準圖說，尚無編印成冊之件可供參考，僅有片斷之說明書及施工圖樣可以見贈。所可知者，香港道路除維多利亞市及九龍市區皆爲有計劃之街市外，其他山路多爲舊日道路逐漸改良而成，而此項道路目前仍在改良之中，如彎曲處路面加寬，外沿路面加高，以免乘客因離心力而外傾。此項改良，方在開始，但因舊日山路根本不適於今日之高速汽車，故改良雖在努力中，而地勢所限，無法改良或改良工程過大之處，只好一仍其舊。其彎度之驟，視線之短，皆極易肇禍。所幸者，港島之巔，非商業區，非政治區，而爲少數豪貴英人之住宅區，及若干遊客登臨而已。且因登山電車，爲最經濟而迅便之交通工具，乘汽車上山者爲數更鮮。作者駛車登山數次，登不及半，卽不常遇有下山之車，故曲折如羊腸，寬不過五公尺之瀝青油路，駛車其上，尚不覺其警險。因路之曲折，車速恆在每小時二十英里左右，限制於此種鬧市行車速度之下，肇禍之機會自然減少。故香港登山道路，純爲遊覽之用，幷無擔負大量運輸之能力也。

香港築路前之釘樁工作。

香港採石廠用汽壓機鑽取石料工作情形。

香港築路時之平基工作。

香港採石廠之瀝青油碎石攪拌機。

香港採石廠攪拌後待用之瀝青油碎石。

香港瀝青油罩面碎石路。罩油前之大碎石層及小碎石層。

香港採石廠汽車裝運瀝青油碎石之工作情形

瀝青油罩油路面，刷油工作情形。

第四節　登山電車 Peak Tram

一　沿革

登山電車與道路有密切關聯，故附敍於道路章後。

一八八一年有司米斯氏（A. Findlay Smith）草擬建造香港登山電車計劃，呈報香港總督，兩年之後始批准興辦。

司米斯氏對於其所擬之計劃，未敢草率進行，於實施工程之前，遍遊歐美考察各地登山電車路，如舊金山，斯加保羅(Scarborough)列芝(Regi)孟特利（Monterey）魯沙尼(Lucerne)萊因(The Rhine)維蘇維額斯山(The Mount Vesuvius)等處，莫不詳加研究，然後始相信其所擬香港登山電車計劃，確實可行。乃於一八八五年重返香港，開始建造，一八八八年五月，全功告成，正式通車。

登山電車，其軌道車輛與普通城市電車幷無不同，其特異之點，在發動機之裝置，普通電車發動機裝於車輪附近，由天線導電入車以轉動之；登山電車之發動機則爲固定者，設於山巔之機廠，此固定之發動機轉動鋼纜，纜卽曳車沿軌上升。此登山電車之基本原理也。

初該路所用曳車之原動機爲一蒸氣機，至一九二六年香港電氣事業日漸發達，電力公司有極廉之電力可資利用，乃改爲最新式之瓦爾德李安那式（Ward-Leonard System）之電動機廠。廠內有電動機二；一爲三百五十馬力三線式之交流機，一爲二百二十馬力之直流機。有變壓器二，電廠所供之電爲六千五百弗，經變壓器變爲三千三百弗後，再用以轉動電動機。總計一切改變裝置，所費達港幣五萬餘元，現在其全部資產約在百萬左右，自低站至山巔每客票價三角，上下乘客甚多，故獲利極豐。

二　機廠及車輛之構造與運用

機廠位於維多利亞山巔，較市區高出約一千三百餘英尺，亦卽最高之車站所在地。由機廠引出鋼纜兩條，直徑一英寸一英分，長約五千英尺，纜端各繫一車，每車乘客六十二。兩車交互上下，循軌而行。由山下車站，達山頂車站。僅需時八分鐘。軌爲單軌，其裝置與普通電車軌道相同，上下車相錯之處，設有雙軌，軌長四千九百英尺，有車站四。沿軌道之間，每若干距離，設導纜輪一，輪有托柄，栽植軌道之間，車行動時，鋼纜托於輪上，車隨纜行，輪承纜因纜之上下而轉動，如此一則使纜不至滑出軌外，二則減輕其落於地面之磨擦力也。

鋼纜他端繫於機廠內之兩大鐵輪，輪作鼓狀，兩端有突緣，纜捲於兩緣之間，一鼓捲纜一條，兩鼓作反對方向，卽一向上捲一向下捲。鼓有齒輪，一陰一陽，陰陽輪齒扣鎖，則兩鼓動作一致，電動機開動，鼓狀鐵輪亦隨之而轉，鋼纜卽曳送下端所繫之兩車，一上一下，互相均衡。車站距離，亦兩相勻稱。甲到上站，乙到下站，甲抵頂站，則乙到底站。

鼓輪之制動器，卽俗名之閘，係用壓縮空氣以操縱之(Air brake Controls)。司機面前，設有自動指示路程器，器面有兩針，車開行時，指示上行車與下行車之移動位置。另置電鈴與車廂通，司機聞鈴開閘，則車行。聞鈴關閘，則車止。開車停車之前，車內司機預先按鈴，達於機室。故機室內之司機能操縱遠隔五千英尺之電車上下自如也。

假如車輛，鋼纜，鐵軌等發生障礙，或機件遇有損壞，可隨時修理，或取備用車備用纜代之。鋼纜最大承重力為四十五噸，車輛及乘客等全重不過五六噸，是其安全率大至七倍以上，且每日必須檢查一次，故自開辦以來，從無出險之事發生也。

萬一遇有非預料可及之意外發生，假定前項設備，皆行失效或無時間替換時，則車中司機可立鳴電鐘報於機廠司機，停止駛行，至司機由車中以電話報明危險已除後，再行開車。萬一情形極其危迫，電鐘電話亦不及用，或鋼纜電話線皆斷之時，則車中司機僅須將平安閂(Safety bar)舉起，則車底之機關立刻使車輪緊鎖於鋼軌之上，據常期試驗結果，機閘一下，雖於三十度之斜坡上，車於八英尺半距離之內，即可完全停止。

二 廬山可否仿造登山電車

香港登山電車之便利迅速安全，爲世人所稱讚，廬山是否可以仿辦？分就技術及經濟兩方面加以檢討：

一　技術上之可能性：香港登山電車道，全程皆向上升，中間無深谷之阻礙，高度又僅千餘英尺。廬山欲在牯嶺附近尋一直綫之路綫而中間無深谷阻隔者既不易，且鋼纜須長至萬英尺左右，將使行車安全及維持上俱感困難。且此項電車所需之動力，在三百匹馬力以上，山下既無大電廠，在山上發電，無論用水力或內燃機，此項大型機器，搬運上山，極非易易。其他如香港山坡多爲土質，而廬山皆岩石，開山而得平坦路基，工程上之困難，實不一而足。姑假定所有技術上之困難，皆可設法一一克服，而建造費恐至少須在二百萬元左右，此二百萬元之投資是否可以自存，再就經濟上加以檢討。

二　經濟上之估量：香港爲一人口將近百萬之海港，四季遊人不絕。廬山爲一人口約二萬之避暑地，僅夏季上下山遊客稍多，香港登山電車有每日上下山各一次之乘客，廬山則多每年或每季上下山一次之乘客。香港有大電廠供給廉價之電力，廬山則須自設電廠發電。在乘客稀少需電較少之時，餘電亦

車停於香港登山電車底站之情形。

香港登山電車全景

香港登山電車機室內引出之鋼纜。

香港登山電車鋼軌及承托鋼纜之轆輪

香港登山電車之雙軌錯車處

無處消售。廬山每年客貨運輸費僅十六萬元，收入尚不足付二百萬元成本之利息。故香港登山電車在技術及經濟方面而論，廬山皆無採用之可能也。

廬山現在以轎挑爲唯一交通工具，實有卽時改進之需要，就廬山人口地形技術經濟迅便及安全各方面言之，惟一適合廬山之現代交通工具爲電氣吊車，在香港時與英工程師多人談及，亦同此意見。蓋電氣吊車所需之電力僅五十匹馬力；登三千餘尺之高山，中途僅建立鐵塔四個以承鋼纜卽足，可免開山闢路之艱鉅工程；每車可載乘客十五人，每日運輸量約六百人及貨物行李數十噸，適合廬山近期內之運輸情形；因無開山闢路之工事，可選最近牯嶺之最捷路綫，約僅需十二分鐘卽可由山底登至牯嶺，時間之經濟，爲任何其他交通工具所不及；無論冰雪雨霧，皆可暢行無阻，非如汽車路，登山遇霧行車卽肇巨禍；且現在最新式之電氣吊車，其安全率已高至五倍以上，構造原理及安全之情況與電梯毫無不同，北歐滑雪名山上裝設此項吊車者以數十計；建造費所需不過四五十萬元，爲一有盈利之事業，故電氣吊車實爲惟一適合廬山之交通工具也。

第五節　香港九龍之自來水

一　概說

香港爲一海島，九龍爲一半島，淡水來源皆極缺乏。在一八六〇年以前，鑿井而飲，後以人口激增，井水既不清潔，又不敷用，於是先後在港島及九龍創辦自來水，供給市民。經歷年之擴充經營，所費達港幣數千萬元，成爲香港最鉅偉之建設，而握香港百萬居民生活之命脈焉。

香港與九龍之自來水廠，其工作系統皆完全相同。因兩地皆無河流。故只能築壩於谷口，截留谷內圜山之雨水於谷底，而成爲人造之水塘。水塘之水經過沙濾消毒等手續。藉幫浦（Pump）或天然之地勢送於淨水池內，再由淨水池分送市內居民飲用。

茲按自來水之工作系統，分「儲水」，「淨水」及「配水」三節述之於後。其本年（二十六年）二月完工之城門水塘工程，所費達九百萬港幣，且作者在港之時，尚未完工，得兩次前往參觀，工程之偉大，設計之周詳，殊有專述之價值，故另於下節述之。

二　儲水

港九儲水，概用築壩截留山谷中雨水使成水塘之一法。香港第一水塘，建於島西之薄扶林，容水六千六百萬加侖，因香港人口日增，需水日多，僅此一塘，供求之間，不克相應。於是在大潭山谷（Tytam Gap）中另建新塘四：

一　大潭水塘（Tytam）。

二　大潭隔水塘（Tytam Byewash）。

三　大潭中水塘（Tytam intermediate）。

四　大潭篤水塘（Tytam Tuk）。

後又完成黃泥涌水塘，（Vangneichong Reservoir）復於鴨巴甸（Aberdeen）一帶築上下兩水塘。俗曰香港仔上水塘，香港仔下水塘。此塘完成之後，港島全部面積，可供水源開發區域，殆已完全利用矣。然香港人口激增無已，港政府除在九龍半島另闢水源外，並築溝截水，凡可爲各水塘增加水量之山坡，皆築截水渠（Catchwater）導水入各水塘，以增水量。總計島內截水渠全長一三四，八〇三英尺。合水塘之容量，約達二十四萬萬加侖。積水總面積爲六千零三十英畝。

九龍半島有九龍塘（Kowloon Reservoir），九龍隔水塘（Byewash Reservoir），石梨背水塘（Shek Li Pui Reservoir），城門接水塘（Reception Reservoir），及銀禧水塘（Jubilee Reservoir）。此中以銀禧水塘最大。原名城門谷水塘，一九三五年，英前王喬治五世舉行登極二十五年銀禧紀念，始改爲銀禧水塘，所以示紀念也。

茲將香港九龍各水塘之積水面積及容量列表如下：

水塘	容量（百萬加倫）	積水面積（英畝）
簿扶林	66.00	425
大潭	384.80	1,175
大潭隔水塘	22.87	
大潭中水塘	195.90	420
大潭篤	1,406.00	2,403
黃泥涌	30.34	217
香港仔上水塘	173.23	1,269
香港仔下水塘	106.89	121
九龍塘		
九龍隔水塘	1,335.00	687
石梨背		
城門接水塘		
銀禧水塘	3,000.00	3,000
總計	6,720.53	9,717

二 淨水

自來水水源來自江湖山溪，晉混泥汚礦質等，非經淨水手續，不合飲用。故淨水塲爲自來水工程重要設備之一。

淨水工作，普通概分三種：（一）沈澱。（二）過濾。（三）殺菌。香港水源，大部份取之山中雨水。匯於池塘，攜帶泥砂既少，匯聚池塘之後，一部份泥砂，卽經沈澱，故無沈澱池之設備其過濾池則有快濾池與慢濾池兩種。

快濾池，在九龍城門接水塘下。係城門水塘第一期工程中之一部。完成於一九二九年。其地較低於城門接水塘，利用地心吸力引水至過濾池。池牀有八。與機室毗連，均爲最新式英國斐得森牌（Patterson's Patten）之自流快濾池（Rapid gravity Filter）。池底下層爲碎石，上層爲細砂，水從其中過濾，泥汚雜質等物，或養化而分解，或附着於砂石。於是混濁之水，變爲極清潔之水矣。

過濾池旁，有加礬室一，內置機件工具，水由城門接水池流來，未入過濾池前，先經此室。由機件攪拌，加入明礬及石灰。此種礬及石灰之加入。爲使原水中之浮游物質凝結，經過快濾池時，淨水效率可以加大也。

此項加礬室之設備，可供每日製水一千萬加倫之快濾池用。該處快濾池，每日可製水五百萬加倫，城門水塘第二期工程，尚擬另設同式之第二快濾池，刻正在建築中，因斐德森式快濾池水門及各操縱機關構造簡單，運用靈活，而又堅固耐用也。

過濾之水。引入淨水池，然後送至用戶。淨水池爲長方形，長四百三十二英尺，寬二百七十英尺。深約二十英尺左右，中有隔牆，分池爲兩部，互相替換，使用及洗刷，均極方便。池上築鋼筋混凝土蓋，面積十一萬平方英尺，以五百餘鋼筋混凝土柱撐於其下，上覆土及草皮厚一英尺，初見之不辨其下爲一大水池也。

淨水池之一邊，另築有小室，內裝綠氣殺菌機。水由快濾池至淨水池時，經過此室，加入綠氣，殺菌消毒。

慢濾池在城門隔水塘下，有池槽十。槽底構造，下爲碎石層，厚三英尺；上爲細砂層，厚三英寸。每日濾水量，爲三百七十五萬加倫。

濾池底層之砂石，因水內雜質附着其上，經相當時間，即須洗刷。慢濾池之洗刷，須用人工將池底砂層掘出洗刷，洗刷乾淨後，重新鋪整，然後放水。建設時需要之地畝既多，工作效力又低。快濾池因池底有反水上流而冲刷污砂之裝置，過濾時水由上經砂石層而下流，洗刷時則水由砂石層向上急冲，

大潭篤附近截水渠與溢水渠之水門

大潭篤水塘之水壩

城門接水塘之水壩

城門接水塘下快濾池之操縱間。

加礬室內攪拌機用水車

城門接水塘下之快濾池方在洗砂污水由池中之槽外洩。

城門接水塘下，建築中之快濾池。

城門接水塘之二十四英寸總水管。

假如水之沸，水砂混合，上下翻滾，使附着之泥污雜質等，脫離砂石層而隨水經廢水管流去。洗刷一次，需時五六分鐘。此種快濾池裝置時，需要地畝既少，效率亦大，惟建造費較慢濾池為大耳。

過濾池除上述九龍兩處外，在香港薄扶林水廠尚有快濾池八，每日淨水量為四百萬加侖。慢濾池六，每日製水量二百萬加侖。綠氣殺菌之設備，無論香港九龍每池皆有。故香港自來水雖有時呈現不甚清潔之混濁情形，但其為可飲之消毒淨水無可疑也。

四　配水

水性就下，人所盡知。配送自來水時，凡水源地較高者，莫不利用此就下之水性，設管引流，輸於用戶，此乃最經濟之一法，即所謂利用地心吸力（By gravity）以引水者也。如水源處地過低，則不能不借重於升水機（即幫浦）焉。

香港自來水之配水方法，在九龍方面，因水源多在高山之上，由水塘流於淨水池以至輸送過海，完全利用重力。在香港島內，則水源地位甚低，而用戶又居地甚高，專恃重力配送，多不可能，故須設升水機廠，將低處水塘之水，用機器送至高處淨水池，由淨水池再借重力，而配送於用戶。

升水機廠，香港有大小多處，機件大致相同，茲舉最大之大潭水塘升水機廠，以見其設置之一般。

大潭升水機廠，在大潭水塘下濱海附近地方。內設蒸汽機三，每機每日燃煤約八噸，最新者裝設年餘，最舊者已用十八年。每機二百八十馬力，有立式汽缸三，均係直接連於升水機之唧筒，升水機亦爲立式，汽機每分鐘三十衝，每衝升水七十二加倫，總計該廠日可升水九百萬加倫。輸至市區高處之配水池後，即可利用重力配送於各用戶矣。

按最新式之升水機，皆用電動機及離心力幫浦，香港所有升水機則皆用蒸汽，式樣雖老，管理得法，效率尙好。其立式蒸汽升水機，較之德國製臥式蒸汽升水機，頗多改良，汽缸爲三，活塞之上下衝動力，較兩汽缸者，易於平衡，此其一；汽缸廢汽之冷凝鐵櫃鑄入出水管內，利用升水機自升大量之水，冷凝廢汽，省去另建冷凝池及該池所耗之水，此其二，有此二利，在電力尙未普及之我國，購用此種升水機，極爲合用也。

香港自來水事業，隨香港之發達，日有進展，其貯水，淨水，配水諸工程，耗費巨款，成績卓著，爲吾國內各大都市中所罕覯。即苦旱半年，香港及九龍均不致有缺水之虞也。

第六節　城門水塘工程

一　工程概要

城門水塘爲九龍城門谷自來水第二期工程之中心建設，塘在九龍新界大帽山東南坡，積水面積達三千英畝，容水量三十萬萬加倫。築擋水壩三道，積貯山水，使溪谷變爲池塘。壩身構造不一，在潘愛坡路附近者，比較簡單，壩中心部份，爲鋼筋混凝土堤心，其基部深入石床，所以防水下滲，不致受損傷也。堤心裏壁滿塡黃土，外壁滿塡石塊，惟所塡石塊，與混凝土堤心比接之處，留有隙縫，上寬下窄，塡以黃沙，使得以自由漲縮，而不傷及堤心。黃土與石塊，均築成適當坡度，外表用花崗岩小方石鋪砌，石料選用黑白兩色，分行插砌，組成人字花紋，精緻雅觀。城門正壩之構造，與前稍異，壩身分裏外兩層，裏層爲重心式之混凝土壩，基部建於石牀之上，近池水之一邊，並深入石牀，使水不易由底部滲透，外層完全塡滿石塊，其接近混凝土牆部份，亦有塡砂伸縮縫。石坡外表之鋪砌工作與前壩同。混凝土壩內並置有檢驗孔及十八英寸徑之檢視管，以便視察壩身是否有偏倚或傾斜之情形發生。

城門水塘之溢水設備有虹吸式及喇叭口式兩種。均爲特種之設計。普通之溢流設備多爲水門或滾水壩。此種複雜之裝置，頗爲少見，茲特分別說明於下：

一　虹吸式溢水管

普通虹吸管構造簡易，物理試驗室內嘗用橡皮管及玻璃杯以說明之。卽將彎曲之橡皮管滿灌以水，一端插入甲杯，他端插入乙杯。甲杯位置高於乙杯時，則甲杯之水流入乙杯。乙杯高於甲杯時，則乙杯之水流入甲杯。其原理爲：

1彎曲橡皮管內，灌滿水後，無大氣壓力，管之兩端下垂，放開管口，管內之水，隨時可以流出。

2甲乙杯兩，所受大氣壓力雖同，因其位置一高一低，水重之差，使水發生流動，而成虹吸作用。

城門水塘之虹吸式溢流管，卽係利用此項原理築成。惟該虹吸管係用鋼筋混凝土建於壩之一端，設彎形管於壩身之內，（實際卽一滾水壩，壩上仍套一同形之混凝土罩）一端開於壩之裏壁，在壩頂附近，以備接受高水位之塘水。他端則由壩底輸於塘外，情況頗相吻合。惟如何使此鉅大之彎管，去其內部大氣壓力，而代以水，則頗爲一有興趣之問題。

在混凝土虹吸管頂部，另置馬蹄形鐵管一，一端較他端稍長，裝於壩身裏壁，開口於塘中水面。塘中水面，漲至與混凝土管彎頂底部齊平時，塘中之水卽開始向外溢流。此種溢流，其作用與滾水壩同，因管內尙佈滿大氣壓力也。比至塘中水面漲至與鐵彎管口齊平時，鐵管口爲水面封鎖，空氣不能輸入，同時混凝土彎管內水流不停，流速將管內原存空氣吸盡，漸趨變於眞空，壓力頓減。塘中水面，仍受大氣壓力，內外壓力失均，彎管之內，卽時水滿，而虹吸作用開始矣。

反之塘中水面降低至鐵管管口時，空氣代水而入，則虹吸作用立卽消失。直至水面落至與虹吸管彎頂底部齊平時，則水卽完全停流。

此種虹吸式溢水管，係供平時水漲之溢流，其數有六，並列成排。管口之外有鐵門，並有鋼筋混凝土柱及橫樑環列其外。所以阻浮草及波浪，以免影響於虹吸作用也。

二 喇叭式溢流管

據該處原設計工程師云，此種喇叭式溢流管爲現代自來水工程中特殊建築之一。其構造爲一石砌之喇叭形管，仰口向上，塘水漲至與喇叭口齊平或較高時，水卽由喇叭口入，流送塘外。構造甚簡，蓋靜水由管口流入管內時，每易形成喇叭式之漩渦，使水不能一直入管。今築此喇叭形管，卽所以利用此種水性，使水易於一直冲入管內而送至池外也。

此項喇叭形溢水管，管口較前述虹吸式溢水管管口爲高，蓋普通大水時，其溢流管利用虹吸管，暴風急雨，水量驟增時，則雙管齊下，兩種溢流管同時排洩洪水。

兩溢水管附近，有總水門塔一，竚立水中，爲引水出塘之總關鍵。塔爲八角形，用石砌築，內裝直立輸水總管一，沿管設水門四，上下分佈勻稱，隨塘水之漲落，而定啓用何一水門，蓋可以盡量利用上部之淸水，使池底之泥汚，無由而入也。

三　城門水塘地點之觀察

城門水塘，地質地形，雖不盡合於理想條件，尚可稱爲優良。塘底泥層甚厚，滲透力極微，集水面積內，無人居住，水源堪稱清潔，地形相當優越，築大壩一，小壩二，即可集水成塘。獨惜其不在港島，而在九龍，輸水總管迂迴彎轉，復開鑿隧道，設管渡海，工程極大，所費達二百餘萬元之多。然此猶屬於自來水工程範圍內之建設，他如因該塘地處荒僻，遠離市區，交通不便，工人宿食無所，開工前開闢山道，建築職工宿舍食堂及娛樂場所等，亦費去壹百餘萬元。故城門水塘工程費，名曰九百餘萬元，實際水塘工程本身所用恐亦不過六七百萬元而已。

粘嶺地處廬山中部，水源尚不缺乏，惟欲擇一理想之優良蓄水池地址，則亦殊非易易。漢口峽，及蘆林蓄水池地形，築壩適宜。距市區近而地位高。輸水配水，亦均方便。惜積水面積，均嫌過小，收容之水量，能否長期保存，頗爲疑問。而漢口峽谷中巨石粗砂特多，易使池底淤澱，於水塘壽命，關係綦重，尤需經慎重之研究與考慮。三疊泉，石門澗二處，積水面積大，而地形尤佳，易蓄大量之水。惟所處地位均低，必須設升水機，方可輸水，且石門澗處長衝之下，水經市區，易被污濁，而三疊泉又遠處市區之外，設管費尤屬不貲，蘆林交蘆橋，擬築人造湖之處，積水面積頗大，距市區亦不過遠，惟所處

城門水塘全景

城門水塘之一角

城門水塘擋水壩外表鋪砌方石之花紋

建築中之城門水塘正壩剖視

虹吸式溢水管之入水口

城門水塘虹吸式溢流管外之擋浪墻與總水門塔

建築中之喇叭式溢流管

城門接水塘之輸水隧道與幹渠

地位亦低，且蘆林區房產旣多，又均在塘址上游，水質尤不易淸潔也。

統觀上述數處，各有優劣，取捨之間，尚費研究，惟欲繁榮牯嶺，必須速謀解決自來水問題，則漢口峽及蘆林蓄水池地址及建造方法之研究，實爲刻不容緩之舉也。

第七節　下水道

一　下水道與現代都市

現代都市之動脈爲自來水，而靜脈卽爲排洩雨水污水之下水道。一般都市每患靜脈停滯之病，舊城市尤甚，此恰如一般之習性，考究飲食，而不注意其排洩，則其疾病叢生，理之必然也。

吾國除少數城市外，自來水尙多未建設，更無論下水道矣。英人開闢之香港雖有下水道之建築，而無一整個有計劃之系統，皆局部了草從事，亦不足以取法也。

香港工務司署全部經費一九三七年預算，自來水經臨事業費共爲四十八萬六千七百餘元，約佔全年百分之九。下水道則共爲十七萬五千七百元，佔全年百分之三。是下水道費僅佔自來水費三分之一，亦無怪其下水道工程師指其海濱之一小污水排洩機室曰，香港下水道之精華在此，別無可觀者矣！

香港市政考察記（一九三七）

87

二　香港下水道

下水節分兩種：一爲雨水。一爲汚水（卽家庭廢水及工業餘水等）。此種下水之宣洩，設管導引，有採用分流制者，有採用合流制者。分流制卽汚水雨水分設水管，各成系統，互不相侵。合流制則汚水雨水混合於一管而排洩之。香港島上盡爲丘陵，其下水道似以採用分流制爲宜，惟詳考其現有之水道，則多不成任何系統，汚水雨水隨處設管，輸送入海。此種辦法，處理雨水猶可，處理汚水則頗欠適當。蓋沿岸卽爲海港，船隻停泊或往來者頗多，汚物浮游水面，臭氣熏人。歐美大都市汚水之處置，無論晒乾用作肥料，或輸送於大海，使之消容，均須先經極繁複之手續，設廠處理，使汚物與水份分離，而分別消納於不妨礙共公衞生或觀瞻之處所。

青島市區形勢頗與香港相類。其於下水之處理，在德人經營時代，卽有分流及合流兩種系統之分，而於汚水則設處理廠五處，將汚水過濾後，汚物賣與農戶，作爲肥田之用。濾後之汚水，用升水機送至遠海深水之下，既少浮游物，更無惡臭熏蒸，今香港對於汚水之處理，則大部直接輸於海濱，惟於維多利亞區，因恐汚水染及海水浴場，且以距離維多利港灣太近，乃置小室一間，設一馬力半之電動升水機一座，將其汚水內之糞汚，由十二英寸幹管，送至太古製糖廠附近之海濱，仍任其漂流。參觀至該處時，惡臭撲鼻，令人欲嘔。由香港與青島下水道之比較，亦可見英人與德人治事方針之不同也。香港排洩雨水之下水道，近年來盡力建造，似已全部完成。數年前香港瘧病流行，考其原因，係因山谷溝壑之間，嘗有少量之雨水存留，瘧蚊得以繁殖。於是港府當局發起一種「滅蚊運動」，所有谷壑之內，皆遍造排水之水泥明溝，其分佈之狀，如樹葉之脈絡，積水得以循溝消盡，蚊蟲無處孳生，瘧病因以大減。

牯嶺自來水事業方在初步建設中，下水道則尚未興辦，間有數處明溝暗渠，亦僅屬於一區域之臨時宜洩而已。尙無系統之可言，此事於牯嶺之發展關係綦重，不可不預謀籌劃。以牯嶺地形言，將來裝設下水管，以採用分流制爲適宜。長衝至石門澗之溪爲天然之宣洩水道，惟污水必須先加處理，濾除固體物，消滅臭味，然後始可洩於溪流。處理之方法及處理廠之地址，以牯嶺人口變動之驟，及適用平地之少，非經常期研究，不可冒然從事。以現時廬山管理局之經費言，實尙不足以言及下水道之建設也。

修建中之雨水溝。

山坡上之泥凝土雨水溝。

香港路邊之雨水斗及人孔蓋

香港海濱之污水升水機室。

第六章 香港市政考察記尾言

作者旅港匆匆半月，港政府下之市政建設及各種設施，略得窺其梗概，其可供我取法者，已於以前各章中分別陳述意見，茲就香港政治及建設之全體，加以綜合之觀察，以爲考察記之尾言。

香港在英人統治下已將百年，英人之政治向以法治見稱，其在香港政治上表現之法治精神，亦殊令人欽羨。一切法典規章，無不編製俱備，卷帙浩繁，每部售價在二百餘港幣以上，此項典籍實爲香港百年政治之結晶品。港政府官吏守法奉公之精神，在公私生活上亦多表現。香港工務司署署長韓德森君服務港府二十餘年，其他各司署長等重要官吏，皆不隨港督同進退，而薪給之優（港督年俸及公費二十萬港幣）及加俸退休養老金等規定，凡所以保障公務員之生活者，應有盡有，故官吏無不忠心服務。香港政治因以安定，一切庶政，皆上軌道，建設工作得循序前進，既無敷衍之習，亦無燥進之嫌。如城門水塘工程分四年完成，其他大建設計劃，莫不經長期之設計研究，然後從容實施之。此我國今日努力復興民族之經濟建設所應取法者也。故蔣方震氏有言曰：「故今日欲談新建設，則內而中央，外而地方，皆當使一切公務人員有一定不移之秩序與保障，此爲入手第一義，」（見本年三月二十一日大公報星期論文）。從另一方面觀之，香港政治之殖民地性，依然存在，而自由主義與保守主義亦莫不反映於香港之政治與社會上。香港山嶺不准華人置產及居住，其間道路園林之整潔，與碼頭附近華人居住區之污穢，不能比擬！香港最繁華之德輔世道及皇后大道，一至晚八時，人行道之水門汀上，即睡滿勞工乞丐，以破蓆覆體，白亮之電炬，照其灰白之面上，嚴如殭屍，步行其間，慘不忍睹！他如烟賭不禁，慈善及全部社會事業之經費年僅二十萬元，爲歲出總額千分之六，而軍費歲支在五百萬以上，爲歲出總額六分之一，可知英人之治香港，其目的在以武力保護其經濟利益，吾僑胞之福利安適，固非所計也。至港政府下駢枝機關之多，英籍與華籍公務員待遇之差異，中下級職員中亦盡量安插英人，以解決其本國之失業問題，致各機關俸給一項支出，佔經費百分之八十以上，此皆殖民地政治之特徵也。

香港所有公用事業，除自來水外，皆由私人投資辦理，如電廠，電車，登山電車，公共汽車及渡輪等，莫不爲私人經營，因之高定價格，獲利極豐，窮苦居民所受剝削愈甚，而生活益苦矣。此皆港政府抱自由主義獎勵私人資本之流弊也。

香港一切市政建設以自來水工程最爲鉅偉，而下水道最爲簡陋，自來水係可以獲利之事業，而下水道則否，此與我國之辦市政修路不修溝者，所犯之病同。香港工務司署每年以五百萬元之經費，年僅出極簡單之業務報告一冊，他如各種事業之概況及統計，各項工程之設計標準圖說，不僅無印刷品可供參考，卽該署內部自用者，亦未釐定標準，此或爲英人實是求是不講虛文之表現歟？至施工方面，如瀝青油路修築法，多沿用極不合理之舊法，材料之浪費極大，而效率又甚低。英人之保守性，不僅在「督憲」稱號及「香港督理軍民事務公署」等之紅色滿清式牌匾上見之，卽技術上亦處處顯示其墨守成規之習性。故就市政建設之全體論，英人經營之香港，與德人經營之青島相比，因兩國民族性之不同，所表現的創造力之形態，也完全兩樣。

香港之文官制度，使「一切公務員有一定不移之秩序與保障」，誠可取法，惟港政府所出代價太高，耗費公帑過鉅，我應效其制度，而上下應由緊縮與儉約兩方面推行之。至其施政之自由主義與保守性，皆應視爲殷鑑，而勿蹈其覆轍。（完）

民國二十六年三月

書名：香港市政考察記（一九三七）
系列：心一堂　香港·澳門雙城成長系列
原著：譚炳訓 著
主編·責任編輯：陳劍聰

出版：心一堂有限公司
通訊地址：香港九龍旺角彌敦道六一〇號荷李活商業中心十八樓〇五一〇六室
深港讀者服務中心：中國深圳市羅湖區立新路六號羅湖商業大厦負一層〇〇八室
電話號碼：(852)9027-7110
網址：publish.sunyata.cc
淘宝店地址：https://sunyata.taobao.com
微店地址：　https://weidian.com/s/1212826297
臉書：　　　https://www.facebook.com/sunyatabook
讀者論壇：　http://bbs.sunyata.cc

香港發行：香港聯合書刊物流有限公司
地址：香港新界荃灣德士古道220～248號荃灣工業中心16樓
電話號碼：(852) 2150-2100
傳真號碼：(852) 2407-3062
電郵：info@suplogistics.com.hk
網址：http://www.suplogistics.com.hk

台灣發行：秀威資訊科技股份有限公司
地址：台灣台北市內湖區瑞光路七十六巷六十五號一樓
電話號碼：+886-2-2796-3638
傳真號碼：+886-2-2796-1377
網絡書店：www.bodbooks.com.tw
心一堂台灣秀威書店讀者服務中心：
地址：台灣台北市中山區松江路二〇九號1樓
電話號碼：+886-2-2518-0207
傳真號碼：+886-2-2518-0778
網址：http://www.govbooks.com.tw

中國大陸發行　零售：深圳心一堂文化傳播有限公司
深圳地址：深圳市羅湖區立新路六號羅湖商業大厦負一層008室
電話號碼：(86)0755-82224934

心一堂微店二維碼　心一堂淘寶店二維碼

版次：二零二零年十二月初版，平裝

定價：港幣　　九十八元正
　　　新台幣　四百四十八元正

國際書號 ISBN 978-988-8583-60-7

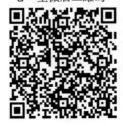